Sombras Del Paraíso

Maria Luisa Garza

Lulu Press, Inc.

Impreso por Lulu Press, Inc.
Sombras del Paraíso.

Impreso en: Los Estados Unidos de America

ISBN: **978-1-4357-5014-2**

Unas palabras de la autora:

Este libro es dedicado con cariño a todas esas personas que han creído en mí. Mi familia y mis amistades. Había caminado tanto tiempo a tientas sin dirección alguna. Con el paso del tiempo encontré en el rincón menos esperado a una persona que de veras creyó en mí y mi poesía. Julie Pujol-Karel. Desde ese día cuando la conocí mi sueño se empezó a hacer realidad. Mis poesías se encontraban escondidas escritas en hojas viejas por el tiempo sin quien reclamara su existencia. Desde que yo recuerdo todo había sido sólo papel que se llenaba de muchos recuerdos y esas desesperadas líneas están listas para ser leídas. Este libro es simplemente algo que se fue formando con los años. Ya esto dicho. Algunos de los poemas son en Español y otros en Inglés. Es el orden en que escribo por ser Bilingüe. Espero y todo esto sea algo que disfruten mientras tomen su tiempo para hacerlo. Sinceramente representa un poco de lo que uno ve en la vida.

Tabla de contenido

Sombras Del Paraíso

Sombras del Paraíso

Del campo verde las amapolas,
Son sombras sobre el zacate,
Del mar revuelto sus grandes olas,
Son sombras y no hay rescate.

Las sombras del paraíso,
Decoran el mundo entero,
De nuestro ser en el pozo,
A la luz del día es primero.

Sabanas de negro opaco su color,
Sombras que reflejan en el mundo,
Sombras negras que también en dolor,
Ocupan de nuestro ser profundo.

De árboles frondosos y extendidos,
La luz radiante es un color rojizo,
Pero más de entre ellos han nacido,
Las sombras escondidas del paraíso.

Un Nuevo Día

Las místicas ilusas aventuras del pasado,
Llegan a mi vida en un día especial,
En un momento nunca más contado,
Que ahora ha llegado para solo recordar.

Siendo como tantos días rutinarios,
Que de entre ellos en mis diarios escribió,
Ese paso de la escalera, el calendario,
Marca otro día y lo recibo.

De tantos eventos yo me privo,
Para no hacer de mi vida algo más,
Y sólo lo inesperado yo recibo,
De cada nuevo día que veo llegar.

Acumulo recuerdos y los escribo luego,
Dejando ya una pista de mi vida,
Quizás las aventuras sean como un juego,
Y la partida ya está perdida.

Silent Talk

My mind is full of crazy thoughts,
I laugh, I sing, I cry in my mind,
For words I mumble out loud and I get caught,
And that's where my true identity I find.

I search the golden horizon for life,
Yes, life that gives me faith,
Yet is such a wide area and I strive,
Walking in my daily maze.

Silent quarrels that make victories,
Thoughts won only by imagination,
But yet life itself made my stories,
When I am only one of God's creations.

My voice echoes leaving pounding headaches,
I re-live my life through memories,
I walk leaving dark traces and the ground shakes,
When the silent talk is a mere theater of short stories.

¿Qué Es Amor?

Amor para mí significa tantas cosas,
Las caricias de esos tiernos niños,
Una carta de un viejo amigo, y rosas,
Y la sonrisa de ancianos que se visten de cariños.

Amor es la visita donde está un enfermo,
Es la iglesia donde acudes cada domingo,
Es la mano que estrechas después de mucho tiempo,
Es el sendero de dos cuando vas conmigo.

Amor es bondad hacia aquel desconocido,
Son las palabras "Te quiero" del ser amado,
Es la esperanza para el recién nacido,
Y también para el que se siente triste y lastimado.

Amor deriva de mil pensamientos a uno,
Y al ser entregado cuando caminando vas,
Amor se da en tiempo oportuno,
Amor es tranquilidad, dicha, alegría, y paz.

Surcos Largos

Se acerca la temporada,
Se acerca ya el verano,
Un viaje largo y mundano,
Donde no puedo jugar.

Sudor corre por mi frente,
Pasos lentos y muy largos,
Cuántas cosas por mi mente,
Se llenan de sueños amargos.

De la escuela a la casa,
De vacaciones al trabajo,
De morada en morada, no hay casa,
Solo un auto, un surco, y un regazo.

Los capullos ya florecen,
Las hierbitas están cortadas,
Largas fueron las jornadas,
Para poder terminar.

Esas fueron vacaciones,
Esos fueron días amargos,
Esas fueron experiencias,
Esos fueron surcos largos.

Madre Mía

Como han pasado los años rápidamente,
Tu rostro está cansado pero alegre,
Tu mirada me consuela por las noches,
Y siento tu cuerpo que me mueve.

Temprano por las mañanas veo pasearte,
Caminas por el jardín con cautela,
Haces ademanes a las aves,
Y tiras el maíz de la cazuela.

Tus pasos se escuchan suavemente,
No quieres despertarnos, te da pena,
Tranquilamente agarras una escoba,
Y barres las banquetas por la buena.

Tu piensas madre mía que no te escucho,
Pero siento todo lo que está pasando,
Siempre estas cerca y es mi orgullo,
Y siempre eres tú que estás rondando.

En Silencio

La marea estaba alta ya al oscurecer,
El cielo silencioso me envolvía en sueño,
Las gaviotas revoloteaban con la oleada,
Y los pequeños peces saltaban con empeño.

La espumilla blanca quedaba con el agua,
Sobre aquella arena humedecida,
Y al caminar las huellas se pintaban,
Dejando la figura de mi pie hundida.

Las palmeras se arrullaban con el frágil viento,
Y la tarde caía en colores muy rojizos,
Penetrando sobre la marea en su encuentro,
Y haciendo de entre esos elementos algo
mestizo.

En silencio, todo en silencio que consuelo,
Como pájaro que se contempla en vuelo,
El clima un ambiente agradable,
Caminando por la playa con anhelo.

Without My Soul

Life is an eternity that I don't understand,
Guides throughout the sunken road,
And sometimes makes you fall when you stand,
And always carrying on the back a load.

Without the wings of love I live,
With only a share of compassion,
And living reality that I don't believe,
Making in my face a good expression.

Without my soul I thrive for life,
Walking on the sandy road ahead,
Stony cracks I leave behind,
And wishing I would be death.

Tears of daily rivers across my face,
Whipping than once in a while to let it flow,
But not living in the past a trace,
Since I am only walking without my soul.

Majesty

Upon the time in mystical illusions,
A creation in nature has been born,
And through the air flaps like a petal,
A beautiful butterfly without scorn.

As such as being in one form,
Then transforming into the others stage,
Getting ready for the flight puts her uniform,
And battling for the short time of her age.

Majesty in the throne of her own world,
Lived just like others a mere life,
But always living in one form her soul,
That mystical butterfly.

Of wonders was there a span,
Or being a child just changed it forever?
And always majestically through the air,
Will be flying in mystery together.

Por Una Flor

Hace ya cinco años la esperaba,
El joven de buen ver Juvencio,
Y ella muy galante lo ignoraba,
Mas siendo desde infancia un amigo,
Y fiel testigo de su corazón lo amaba.

Una tarde de alegre primavera,
Cuando ella caminaba en el jardín,
El joven Juvencio se le acerca,
Y con un saludo la hace sonreír.

Con homenaje de un caballero generoso,
Se quitó el sombrero y se inclinó,
Y del rosal mas a su lado,
Una bella rosa le cortó.

La Esmeralda con ojos de sorpresa,
Se expresó en palabras con amor,
Al recibir del joven Juvencio,
El regalo que a ella le gustó,
Desde entonces felices los encuentros,
En el jardín con mucho amor,
El milagro de Juvencio por una flor.

Noche Serena

Se oye el trueno de la fuerte lluvia,
Y cae sobre el tejado de nuestro hogar,
Con un fragante aire de primavera,
Fresco y tranquilo como manantial.

No hay estrellas iluminando el cielo,
Mas detrás de las nubes turbulentas,
Siendo como un arrullo el consuelo,
De esas aguas ya no violentas.

Vendrán otras noches por igual lo sé,
Y pasará el tiempo como nada,
Una noche serena del año que se va,
Mas sigue como velero que el mar vaga.

Lluvia plateada con gotas como llanto,
Místico es el manto como rubí,
Del cielo es el trueno dulce canto,
Que a carcajadas se oye reír.

Silver Drops

Spring showers are silver drops,
With rays of light from the sun,
Millions of them from the sky,
Like little soldiers on the ground.

Far more from a distant place,
Land in an instant shock,
And occupying more and more space,
Seem to dance with the beat of the clock.

Golden rays make me see them shine,
Like tears on a gray day,
Like after a flood you survive,
And more than a thunder to say,

Silver drops like millions of chains,
Hanging desperately with bits of that rain,
And like a lonely child they cry,
Dropping from the gray sky.

The Day of July

Twilight of heaven rising star,
To what of many blues have made them gray,
The eagle is on the play to start,
Oh date of memory written to stay.

Up in the cloudy sky you stand still,
After that flight that won in glory,
Finally made the space clear,
And being in an American territory.

Hurray, for this day!
Hurray with lights and sounds in roar,
To make a flashing America bright,
And it was alright on a new open door.

Year after year to forward in time,
To make of this day, to make it a cry,
Of the uproar crowd in a great nation,
Will be the relation of that eagle to fly,
With its liberty and justice for us all,
It's the celebrated 4th of July.

Roses For You

One early morning on a beautiful day of Spring,
I woke up thinking of you,
That night I had a wonderful dream
that I was in a garden picking roses for you.

Hearing the soft melody of the birds,
And the heaven blue sky,
A joyous feeling went to my heart,
And tears of happiness I started to cry.

Roses for you my dear I bring,
Purple, white, yellow, and pink,
A gift from my heart to express,
A lovely affection of tenderness and caress.

The daily routine of our lives go by,
And once in a while they have to revive,
Roses for you now I bring with delight,
To bring the gray day be bright.

Bajo Aquella Sombra

Bajo la sombra de un árbol frondoso,
Encuentro morada, morada no sé.
Quisiera encontrarme como al ave en vuelo,
Y encontrar consuelo con amor y fe.

Los días enteros retorno por gusto,
No encuentro a veces y no sé que hacer.
Mirando hacia arriba y me pregunto,
¿Qué dieran unos por esto tener?

Mi rostro se alienta del viento que pasa,
Su silbido agudo que no va a parar,
De mil pajaritos su tranquila casa,
Y sombra para alguien en su descansar.

Su follaje verde y su olor primaveral,
Extendidas ramas que creciendo van,
Bajo aquella sombra,
Contemplan mil pensamientos que vagan.

En Son De Canción

Oigo tranquilamente una melodía,
Que al empezar el día allí está,
Hay de tristeza a la alegría,
Que viene y en el instante se va.

Mi corazón latente sigue el ritmo,
Gozoso de alegría con ganas de bailar,
Es de un inmenso gozo el abismo,
Y al mismo tiempo ganas de cantar.

Escenas de sueños por venir imagino,
Y sigo en son de canción,
Al ver que las veredas del camino,
Son pistas diferentes sin dirección.

Voces llenas de alagadas canciones,
Que rítmicamente se pasean en el aire,
Son para unas dedicaciones,
En son de canción para que yo baile.

¡Oh, Madre Mía!

Como quisiera decir madre mía,
Que con el tiempo ya todo pasó,
Me inspiran canciones y una melodía,
Que me llena de mucho amor.

Recuerdo los tiempos cuando yo crecía,
Tú me miraste crecer con él,
De noche tus oraciones oía,
Y todo queda atrás lo puedo ver.

Pequeñas historias me dices que hacía,
Recuerdos tan bellos de aquel ayer,
Me gusta mirarte y ver tu alegría,
¡Oh madre mía! Mas te quiero ver.

Hoy en este día, ¡Oh madre mía!
Consagro estas palabras para alabarte,
Y desearte muchos de estos días,
Y siempre igualmente cantarte.

Sombras de Un Ayer

Como recuerdo la historia,
Del cual comenté alguna vez,
Quedaron sólo recuerdos,
Recuerdos y sombras de un ayer.

Las voces en ecos quedaron,
Las copias de astutos lenguajes,
Con cuotas de herencias mandaron,
Llevando consigo otro traje.

Dejando en si siempre sombras,
Borrosas y nunca tocables,
Creyentes dan algo a las obras,
Dejando huellas intachables.

Por siempre recuerdo tantas cosas,
Y a veces no puedo entender,
Se opacan brillantes cosas,
Dejando sombras de un ayer.

Otro Año Nuevo

Se acaba una jornada del viejo año,
Y nuevas aventuras nos esperan,
El sol todavía no ha salido,
Y mis ansias se desesperan.

Sueños que se harán realidad,
Siempre ansían el futuro,
Otra vez se va la navidad,
Y quien sabe si el camino será duro.

Otro año empieza esa cadena,
Otra argolla fue puesta en el pasado,
Una experiencia nueva me condena,
Sin saber más solo lo anhelado.

Deseos del mejor acontecimiento de un ayer,
Espero y complazcan mi vida,
No puedo tampoco enaltecer,
Más dar al viejo año la despedida.

Through the Years

I've spent most of the time on the rest,
To not call upon those that I know,
But my life is really a test,
To begin knowing what I don't show.

I do sometimes things I've never done,
But the true meaning is not there yet,
And to see the mistakes I see none,
And to glow with a smile I don't forget.

Through the years I've learned some things,
That money can't buy happiness,
That living in glory like kings
Is misery to those that confess.

The hand that is given in hope,
Is golden to those who can see,
Through the years I've learned to cope,
With loneliness, happiness, fear and me.

Madre

¡Oh madre querida!, ¡Oh madre adorada!
Por ser este día serás alabada,
Te canto con gusto y del corazón,
Que eres la única te doy mi amor.

Siempre te encuentro cuando te busco,
Y al necesitarte siempre estas allí,
Tu velas mis sueños eres compañía,
¡Oh madre querida! Eres luz del día.

Los años se pasan, los días se vienen,
Y tienes palabras para consolar,
Nos das tu alegría los días se pasan,
Y tienes consejos que tienes que dar.

Te alabo, te canto, te quiero, te adoro,
Eres el tesoro con fin de ganar,
Por eso mi madre te canto este coro,
Al yo a ti decirte que siempre te he de amar.

Mar Adentro

Camino de la cima hacia lo hondo,
Y sin darme cuenta yo tropiezo,
Al alejarme me doy cuenta de algún modo,
Que otro paso nuevamente empiezo.

Aguas claras sobre un sol brillante,
Resplandece y quema de mi rostro,
Se hace un camino andante,
Sin huellas que aparecen, caminante.

Aguas saladas que no pasa un trago,
Y sin embargo seres viven de eso,
Si mi mundo está arriba y ese abajo,
En cual de algún modo es mi espejo.

Mar adentro mundo interno y viajero,
De una ola se borran estas huellas,
Más del mundo cada ser es pasajero,
Y al mismo tiempo extranjero en ellas.

Dios Mío

Oh, Señor redentor que nos proteges,
Recibe nuestras almas jubilosas,
Enseña en el camino de mil cosas,
Algún desdén que no nos deje.

Dios mío milagroso que nos velas,
Pon un luminoso destello de tu luz,
Danos la paz con que consuelas,
Desde el trozo alto de tu cruz.

Pon tu mano en nuestra frente,
Y encamina el destino aventurero,
Y no nos abandones en donde se encuentre,
Cualquier maligno pensamiento embustero.

Dios, piadoso arrodillada yo te pido,
Que protejas del mal en todo tiempo,
Que me hables para escuchar algún sonido,
Y me alivies en todo momento.

Caja de Sorpresas

Qué maravilla es ver sonreír a la gente,
Mirar un espejo y ahí estás tú,
Caminar por la marea serenamente,
O por una ventanilla ver al ir un autobús.

Comer en un lugar un helado con tus amigos,
Ir a una fiesta y alegre bailar,
Juzgar del bien cuando hay testigos,
Tocar la guitarra para cantar.

Escribir una carta con buenas noticias,
Recibir un saludo de alguien ausente,
Contemplar con besos y caricias,
A alguien que es más que un pariente.

La vida sí que es una caja de sorpresas,
Y miles de cosas que no nos ponemos a ver,
Sustituyendo risa con tristezas,
Y oímos cuando caminamos sin retroceder.

Te Vestiré De Rosas En El Paraíso

Si el destino no me ha dejado verte más,
Solo en sueños te visto de mil rosas,
Y el eterno paso de ese jamás,
Nunca muere mas son luces muy preciosas.

Te vestiré de rosas en el paraíso,
En ese sitio donde quizás estemos juntos,
Y no se quizás el destino no quiso,
Que fueran siempre separados mundos.

Los pétalos perfumarán nuestras almas,
Y penetrando ese olor nos unirá en uno,
Te vestiré de rosas en el paraíso,
En ese tiempo si oportuno.

Veremos desde allá ese pasado tiempo,
Y contaremos los errores cometidos,
Te vestiré de rosas en el paraíso,
En ese sitio si estaremos unidos.

Pequeño Mundo

Me quisiera sentir un gigante en el mundo,
Y desde lo alto mirar hacia abajo,
Ese algo imposible que está muy profundo,
Que para ver cuesta trabajo.

Ese su imposible dominar fácilmente,
Y al caminar complaciente,
Soñar en la realidad,
Tener en la mente y cumplirlo,
Y aun más sentirlo aunque sin mirar.

Pequeño es el mundo cuando se cierra,
Pues eso te ciega y sin resplandor,
Se acaba la vida la puerta se cierra,
Entierra el pasado con un rayo de sol.

Cuán grande es el iluso paraíso,
Que se expande en un bello jardín,
De un pequeño mundo grande se hizo,
En un valle de lágrimas se hizo sin fin.

Upon Time

For thee the time passes by, they lived more years,
Their ways of life were just so different,
Christianity was in their heads, they had no fears,
And for them to pass the door was a big career.

Migration was at once the road of their success,
To bare new land, new life, made them a family,
Constructing a new nation and unifying all that mess,
Once more the new world was slowly now increasing.

The colonists were now building a new generation,
Of more liberty to change the way of life,
And to them now was changing the old nation,
Was to change the church according to their way.

Puritanism was the ideal name called as now they were,
Baptism was allowed after a child born to have all rights,
The spangled banner had the lines of their colonies,
And land for land had to win a bloody fight.

Life

If given the chance to enjoy eternity,
Life would be the fruit of perfect thought,
It would be a dream in the void of infinity,
In which memories would be, and the present
would not.

Encounters resumed would orientate us,
To reach further towards perfection,
The mind united on both sides,
Would form confusion, leading to illusion.

Ideas belonging to divine beings,
Searching for their own reflection,
While we abuse of their great giving's,
Giving ourselves their glorious creations.

After not giving life what we could,
We could have walked away together,
The story in mind if understood is:
Will we reach them....ever?

Desde el Silencio

Pasan las corrientes frías de la oscura noche,
Un paso lento, un silbido ya en desvarío,
Una lágrima por mi rostro que sin reproche,
La dejé caer pacientemente sin desvió.

Desde el silencio minuto del aire que rozaba,
Suavemente mi rostro por el callejón oscuro,
A paso lento la calle atravesaba,
Y sintiendo algo extraño y no seguro.

Desde aquel silencio volví entrar en mi
conciencia,
Que por un rato me hizo salir al más allá,
No sabía si corría de repente o con paciencia,
O seguía mi camino sin parar.

Así pues pasé la eterna noche bajo las estrellas,
Rodeando la luna a su lado me pació,
Y esa luz que desviaba mi sombra como de ellas,
Me siento a lo lejos desde el fin en el silencio.

Con Son de Canción

Repica la dulce sinfonía de la deleitosa iglesia,
Con ansias de escuchar su gente predicar,
El son de la campana que decía,
Vengan, vengan todos a este lugar.

De todos los días más pasan las horas,
Con ondas sonoras todos en unión,
Caminan galantes todas las señoras,
Listas para misa y la predicación.

Detente amigo hombre enemigo de cualquier
cosa,
No dejas del perfume ni una flor,
Más todo lo que queda es una hermosa rosa,
De el ando el eco que retumba de la fosa,
amigo candor.

Las líneas del santo escrito están listas para ser
leídas,
Y más que todos unidos se abre con amor,
Del ave al vuelo y de fuerte las caídas,
Un hombre, una mujer símbolo es una flor.

Noche

La noche me inspira un lindo sueño,
Que forrado de blanco se ve,
Paloma en lo alto me siento,
Y la noche estrellada por ver.

La brisa delicia en mi piel,
Estrellas que a lo lejos están,
Borrando amarguras con miel,
Y palabras que luego se irán.

Susurro arrulla mi llanto,
El aullido del viento me asusta,
La noche estrellada en mi manto,
Y por dentro me lleno de angustia.

Camino con ojos de ciego,
Y hablo con palabras sin reproche,
El decir al día sí, me niego,
Y también al dulce cantar de la noche.

Un Día Más

Tranquilo, todo callado y tranquilo,
Frescura llenaba mi rostro,
Y en mi mente muchas cosas ocurrían,
La sangre despacio en mi corría.

Se deja caer la noche en minutos,
Sus rojizos colores desvanecidos,
Aumentan la esperanza en gritos,
Al ver esos pajaritos en sus nidos.

Un día más tranquilo y fresco,
Dejando caer como mona un sereno,
Que cubría de alegría en mí ser,
Y aumentaba que lindo, y que bueno.

Un árbol que se enverdece,
Un río que diariamente corre,
Y de pronto la noche me vence,
Y en el cielo se mira una torre y todo tranquilo.

Sin Voz

El eco que suena por los aires,
Rascando suavemente su figura,
Sintiendo el abatir cuando se aleja,
Dejando un sonido que tortura.

Campanas que a los lejos suenan,
Pájaros que viajeros van,
Sin voz sólo un sonido en su ser llevan,
Y componen un mundo con felicidad.

Sin voz la melodía compone,
Una canción que deleita el corazón,
Y si triste el alma se compone,
Sin causa, sin motivo y sin razón.

Alabemos a los ecos que son voces,
Más no providentes de otro ser,
Sin voz repican de un rincón escondido,
Sin voz que uno solo no puede ver.

Sin voz son las alegrías del pensamiento,
Son aquellas sonrisas que nos hacen solo ver,
Son aquellas ilusiones compuestas,
Que en un momento u otro podemos reconocer.

Sin voz son aquellas tristezas en el pensamiento,
Que estantes están sin poderlas borrar,
Y son las lágrimas que torturan el momento,
Con sólo caricias, miradas de orgullo que van.

Sin voz son los escritos que vemos,
Leyendo en la mente sin claridad,
Y aquellas pinturas extraordinarias,
Que sólo al verlas les falta hablar.

Sin voz dormimos en silencio,
Al solo oír el eco de mil voces,
Y el final es como un comienzo,
De una eterna cadena que nunca conoces, sin voz…

Libros

Ves aquellos libros que decora,
Un librero junto a la pared,
Pues veras que es lo que me añora,
Cuando me pongo a leer.

Escritos reales, fantasías y experiencias,
Son las que en mi mente yo guardaré,
Y en esas pequeñas letras que impacientan,
Alimentan mi cuerpo sin saber.

Libros con miles de palabras que componen,
Una meta, un recuerdo, una idea,
Y a pesar de que todos las entienden,
Si quieren las aprenden como sea.

Hojas, hojas, y más hojas se amontonan,
Nada en blanco mas escritas para ver,
Y entre el tiempo diferente se decoran,
Con versiones que nos dan a conocer.

Rojo

Ese color que vibra de emoción,
En coraje, odio, y del fuego ardor,
Ese que brinca junto al corazón,
Y la sangre que marca su color.

Al atardecer ya no quema mas se ve,
Junto con su rosa y anaranjado,
En rayos se hace caer,
Y al quitarse el calor se ha acabado.

Rojo, vivo, colorante y manejador,
Cerca del anaranjado entre más,
Del volcán la fuerza que dominara,
Los internos fuegos sin cesar.

Entre lazo la aventura del soñador,
Deja hirviendo al corajudo,
El rojo fuego, sangre ardiente,
Hecha un grande nudo.

Azul

Color tranquilo olas del mar,
Viento suave mirando al cielo,
Frescura que me hace callar,
Y frío contempla en celo.

Azul frío que se ahoga en nada,
Vació del sereno cuando amanece,
Celeste, turquesa, azul marino,
Caminando mas me enloquece.

Ojos en rostros se miran bellos,
Azul cielo, azul del mar,
En arco iris esos destellos,
En viento libre yo al caminar.

Siento que me enloquece y vago,
En el horizonte me desmayo,
Soy del sendero lo oscuro,
Soy de la luz fuerza y me apuro.

Arte

En escrito dejaron mil palabras,
Aquellos sabios de soberanos tiempos,
Y en las pintorescas paredes que hoy hablan,
Sus dibujos dejaron en silencio.

Entrando entonces nuevas generaciones,
Del cual hoy en día nos les da una idea,
De que entonces eran invenciones,
Y que de un futuro hoy se vea.

Fueron miles de sabios que vivieron,
Adorando nuestra tierra natal,
Y convirtiendo en algo lo estuvieron,
Que hasta de uso pusieron el metal.

Hubo de eso muchos hechos improvistos,
Que solo de eso quedan unos cuantos
recuerdos,
Pero eso si que de lejos se divisan,
Las más grandes obras hechas hacen milenios.

En Mil Caminos

De un camino a ver en mil,
De esos lejanos que miraba,
Y entre esos en uno me quedé,
Mientras cuanto los otros los pasaba.

Mirando los senderos que recorrí,
Y recogiendo mis errores en un saco,
A un lado y a otro yo me vi,
Y al ver en un reloj se fue un rato.

En mil caminos mi vida era un espejo,
Y un misterio se envolvía en ellos,
A los lados estaba mi reflejo,
Y los paisajes que miraba eran bellos.

En mil caminos fueron mil minutos,
Del cual encontré una vida entera,
Y oyendo voces que decían sigue,
Y paso a paso fue siendo placentera.

Llenándome de cosas que confusas,
Fueron entre lazos una unión,
Y de ellas encontraba mi pasado,
Haciendo de mi futuro una profesión.

Y sigo las experiencias que tenía,
Para guiarme en el presente de hoy
Y usando de todas ellas yo comparto,
Un futuro que sigo por donde yo voy.

Vengo por caminos que de mil uno,
Es el que me queda por andar,
Dejando sus puertas ya cerradas,
Con experiencias que si puedo usar.

En mil caminos anduve en mi pasado,
En mil caminos ando hoy,
En mil caminos encontré lo inesperado,
En mil caminos andaré hasta el final,
En mil caminos y no puedo regresar.

Eternity

Is heaven and hell the same place?
Of course not, answered the good with a surprise face,
Why not?- remarked the bad,
Heaven is my house also,
After I have been in both places,
I have been welcomed in the same way.
Walking with its head up and not saying
Hello to its fellow members good
Lawyers of heaven in the hell hall. Then, Good
Running to save Bad from the tempting flames,
held it from the back of the stage-
Wait, Bad! We have to fly to eternity and we are almost late for the plane, but father
"Judge of Life", is waiting. Walking both up to the door of the final step.- Waving good bye.

Una Sonrisa

Vale más que un millón en dinero,
Un rostro con una bella sonrisa,
Que te encuentras en el sendero,
Cuando tú vas de prisa.

Una cara triste se convierte alegre,
Una lágrima se convierte perla,
Una sonrisa cuando uno la tiene,
Convierte a cualquiera al tenerla.

Como extender la mano al necesitado,
Será la sonrisa para algún ser,
Que se siente siempre despreciado,
Y en un mundo feliz lo podrás ver.

Cuán grande es la fuerza de la sonrisa,
Cuán grande se siente el que la da,
Cuán grande se siente el que la recibe,
Cuán grande su felicidad será.

Oh Señor

Oh Señor que estás en el cielo,
Que estás en la tierra y en todo lugar,
Glorifica esas almas perdidas,
Que con sus heridas por el mundo van.

Pues tú eres para ellos lucero,
Que alumbra el sendero,
Por donde ellos van.
Te pido mirando hacia el cielo,
Rogando por ellos en su maldad.

Oh, Señor que estás en el cielo,
Tú eres el lucero por donde ellos van,
Ten misericordia y dales consuelo,
Que enciendan su vuelo y puedan volar.

Felicidades

Como tantos de estos años este es especial,
El que desde hoy cambiará tu juventud,
Guiándote por un sendero al igual,
Que pensamientos íntimos en un cielo azul.

Del mañana acontecerán nuevas ideas,
Nuevos retoños y nuevas sensaciones,
Distintos paisajes que te rodean,
Al tú ya hacer tus decisiones.

Alumbrará tu futuro desde lo oscuro,
Y correrás con nuevas oportunidades,
Ya tu niñez no será ese alto muro,
Mas el pasarlo tendrás nuevas amistades.

Que de muchos de estos que te esperan,
Acontezca con dicha y felicidad,
Que sea un arco iris en el cielo,
Y como ave en su vuelo puedas volar.

Four Seasons

Here we start a story,
To count the seasons,
Winter, spring, summer and fall,
Are all with their reasons.

Winter, snow, white and cold,
Living bare to start the spring,
Then is green, cool, sunny and rainy,
What is next is summer,
Hot, steamy, and sunny.

Then we go to autumn or fall,
Windy, hot and yellow,
Turning brown to turn to Winter that is all,
We return in a circle.

White, snow, and cold,
Green, sunny and rainy,
But, hey! That is not all I have told,
We have hot, steamy and sunny,
And then in the fall, yellow, brown and windy.

There we have all the wonderful seasons,
Wear a coat,
Have an umbrella,
Get your sunscreen,
And what do you know fella,
We are done with the four seasons.

Winter, spring, summer and fall,
Get your heater,
Plant the seeds,
Go swimming,
And rake the fallen leaves.

El Mundo Se Viene Encima

Con la mas íntima soledad del alma,
Mi mundo se viene encima,
Lloro por dentro y por fuera,
Y nada de lo que hago me anima.

Con ansias le doy la cara al destino,
Más por más que hago no es suficiente,
Mi mundo se viene encima,
Y me voy con la corriente.

Doy pasos al margen del camino,
Haciendo lo más que yo puedo,
Mi mundo se viene encima,
Me da tristeza y mucho miedo.

El sendero que una vez fue Fortaleza,
Ahora está lleno de espinas en la cima,
El camino está cerrado por completo,
Mi mundo se viene encima.

Me Siento Paloma

Hay veces quizás sea el destino no sé,
Me siento en lo muy alto alzar mi vuelo,
Quiero gritar, reír, llorar, y mucho placer,
Que con el más dulce empeño busco consuelo.

En rosas perfumadas busco esa aroma,
Que me hace sentir una bella sensación,
Me siento en el viento paloma,
Y de la melodía una alegre canción.

Con hojas en blanco busco una pluma,
Esa que escriba de mil pensamientos,
Para que al son de vientos,
Quedemos acompañados en una absoluta laguna.

Con arcos y flechas en un arco iris,
Busquemos el resultado esa felicidad,
Que sea el agua un brindis,
Y alzando el mismo vuelo de blanca paloma real.

Que Diera Yo

Siento que en mi alma se eleva gran gloria,
Y un ave majestuosa me hace sentir,
Aires frescos y llenos de victorias,
Canto, lloro y de alegría comienzo a reír.

Que diera yo porque la vida diera,
Esa fuente fresca de esperanzas,
Una lucha inevitable que sería,
De mi ser una gran confianza.

Seres que entrelazan mi camino,
Ese cual destino venidero,
Que por ser viajero no lo miro,
Y cuando respiro me acelero.

Llama que despierta un sentimiento,
Que con aires se va al viento,
Son como rayos de sol vestidos de oro,
Y de eso lo más bello es el tesoro.

Viajeros del Pasado

Son largas las historias del pasado,
De tantos seres viajeros que en el mundo anduvieron.
Tuvieron aventuras en el agua y en la tierra,
Y que eso del mundo lo infinito y secreto del encierran.

Fueron no sólo días de gloria y alegría,
Mas en el cielo de la vida hay desdicha y tristeza.
Fueron como todos en la trayectoria,
Del cual en memoria lo que la vida las diera.

Más sin fin del infinito florecieron años,
Del cual los castaños se les hacían viejos,
Miraban de los días con la luna llena,
Y caminaban sin pena tras de sus reflejos.

Escritos sus nombres quedaron grabados,
En piedra de mármol en el profundo mar,
Seres viajeros anduvieron el mundo entero,
¡Oh! Ser aventurero elevado tu nombre eco del callar.

Sol Relumbrante

Caminante sombra del hombre que se
atormenta,
Entre las antorchas ardientes de la creación,
Ser que se despierta entre las nubes,
Y que melódicamente camina por el sendero
cantando una canción.

Sol relumbrante brilla enérgicamente de a diario.
Fuente de gran energía para toda la
humanidad,
Pasado de aventuras que en el calendario,
Dieron un día con sol en claridad.

Rayos que atravesaron entre las pupilas,
Donde nueva vida y ser todo con eterno fulgor.
Sol relumbrante que me encaminas,
Y bellas piezas divinas que dejas con fuego y
ardor.

The Sin of Love

White wings come back to me please.
Don't mistake your dream with a shadow,
Or the sun with moonlight meadow,
It's reality and as to me, it's really me.

Without the tears of love I'll be dead,
Oh, white wings comeback to me,
Don't fly away get near instead,
That without the sin of love I won't be here,
Please white wings get near, get near.

Sometimes when I'm alone I think,
And throughout my thoughts I dream,
That to me you are the water I drink,
And the echo of my voice when I scream,
Please white wings, come back to me.

Estrella

Luz que a la distancia te encuentras,
Quisiera darte una confesión secreta,
Mi alma por dentro se encuentra,
En el más profundo dolor y ni cerca,
Puedo decirlo en voz alta estoy muerta.

El eco de mi voz se queda grabado,
Y quizás la distancia lo haga vagar,
Esa luz, tu estrella que has engendrado,
Entra en mi alma y déjame llorar.

Mirando con ansias busco un consuelo,
Que de este vuelo quisiera bajar,
Estrella, estrellita alumbra mi ser,
Y déjame ver con tu destellar.

Viajera seré desde la distancia,
Que llevo con ansias un porvenir,
Miro a ti estrella con estancia,
Desde mi estado en el mundo por vivir.

Que Soy a Veces

Si el tiempo se detuviera de repente,
Podría desviar el camino de la vida,
Podría sacar del pasado lo presente,
Y para siempre vivir feliz escogería.

Por tanto te desvía la naturaleza,
Y por lágrimas de egoísmo pierdo la cabeza,
Dejando del tiempo la cosecha,
Que del camino abierto se hace vereda
estrecha.

Son hojas del cuaderno solo las que quedan,
Y son semillas de una cosecha seca,
Son siempre verdaderas emociones,
Que nuestros corazones dejan.

Que soy a veces... no comprendo nada,
Cara angustiosa, cara triste, alegre y enojada,
Soy en la vida quizás manejada,
De lo que una vez fui algo, ahora soy un nada.

Pensando

Si en silencio me encuentro pensando,
Una mueca figura mi rostro,
Mientras por la playa caminando,
Y sintiendo el abatir del viento.

Pensando por mil aventuras pasando,
Encuentro entonces estrellas esplendorosas,
Y cuál de ellas estoy mirando,
Quien sabe si su jardín como esas rosas.

Pienso pidiendo por poco posesivo,
De donde di dos mil durmiendo donde quiera,
Presintiendo pocas preguntas pensativo,
Dando dulces despedidas donde durmiera.

Muchas maravillosas mareas me miraban,
Oyendo oleos oreantes, olvidando odios,
Mientras mis más majestuosas mejorías,
Operaban otra opuesta obra.

Los Guerra

Mi pueblito querido casi lo llamo,
Donde parte de mi infancia allí yo encierro,
Donde mis primeros años de la mano,
Me enseñaron a leer y escribir con gran esmero.

Mis padres cultivaron sus tradiciones,
Dándome lo mejor que ellos podían,
Y así de ellos aprendí esas lecciones,
Que con el tiempo todos los de allí entendían.

Dejé mi patria mexicana para mejorar,
Pero el corazón todavía lo encierra,
Bello recuerdo que no podré borrar,
Que en el pueblito Los Guerra fue mi tierra.

No dejaré el recuerdo que siempre vive,
Y los mejores años allí pasé,
Y al yo ir todos bien me reciben,
Sabiendo que de ellos no me olvidaré.

Balada de Amor

Campesino que baja de la sierra,
Cantando con alegre melodía su canción,
Encantos que saca lo que encierra,
Sus íntimos sentimientos del corazón.

Respira profundamente de ese campo,
El aire libre que lo hace volar,
Volar en los sueños más altos con encanto,
Y que a ratos no se quiere ni bajar.

Balada de amor lo que compone,
Sabiendo de su infancia y juventud,
A veces del destino algo se interpone,
Y tristemente hay quietud.

Alza la mano desde muy lejos,
Para saludar su amigo el campesino,
En los arroyuelos mira sus reflejos,
Y tranquilamente sigue su camino.

Se Acerca la Noche

El tiempo pasa al compás del tiempo,
El día se hace largo y a veces corto,
Se acerca la noche y en su encuentro,
Se mira no el mismo día sino otro.

Estrellas relumbran brillantemente,
La oscura noche da miedo y atormenta,
La brisa que serenamente,
Anuncia otra madrugada que me alienta.

Tengo miedo a veces de enfrentarme,
Al silbido de un ave misteriosa,
También miedo de encontrarme,
Con algo que destroza.

Se acerca la noche tenebrosa,
Oscura, misteriosa y serena,
Con ecos que retumban,
Mientras se acerca la noche.

Por Un Adiós

Se pasaron los días, los años, el tiempo,
Volaron gaviotas al compás también,
No hubo distancia ni otros contra tiempos,
Mas la pura angustia del viejo ayer.

Por un adiós cambiaron sonrisas,
Salientes de pasos al no caminar,
Pasando por soles sin algunas brisas,
Del mañana eterno y sin tropezar.

Senderos oscuros viajados por pobres,
Los ricos del tiempo no recordarán,
Envueltos de sueños en algunos bordes,
Donde se escondieron para no mirar.

Por un adiós dejaron banderas,
Envueltas de llanto por la vida fueron,
Dejando en garras allá en las praderas,
Dulces carcajadas que no se callaron.

Hoy te Hablo

Mi pensamiento se entrega un momento,
Hoy te hablo señor con mi fe,
Te pido la ayuda a mi entendimiento,
Mi alma vacía se ve.

Comprendo mirando las cosas ajenas,
No entiendo el amor material,
Enséñame gozo, y quita mis penas,
Dame todo el amor espiritual.

Con ansias yo busco y a veces no encuentro,
Mi vida se siente oprimida,
Te hablo en silencio un momento,
Y siento de nuevo mi vida.

No me dejes ampara mis pensamientos,
No dejes orgullo entrar en mí ser,
Dame de todo lo tuyo señor,
Y enséñame a mi misma entender.

Deleites del Paraíso

Ansían mis oídos el sonido armónico,
Quizás en la lejanía se encuentre un violín.
Y su sonido lloroso me anuncia,
Que un día más yo he de vivir.

Notas sonoras se ahogan en mis oídos,
Y un grito de angustia me grita por fin,
Al ver si las encuentro se han ido,
Y solo carcajadas se ven salir.

No encuentro un reloj que marque el tiempo,
Mas mi sentido me hace esperar,
Acaso la sombra se fue en el silencio,
Y un paso marca sin parar.

Deleites del paraíso me angustian a veces,
No encuentro una banca donde descansar,
Pero bajo el agua se miran mil peces,
Y tengo mis anzuelos para ir a pescar.

El Hombre del Ser

Sois, hombre decís al hablar en voz aguda,
Tu eco resonad en una cueva oscura.
De dónde vienes sin saber tú mismo,
Si tu ser es ser en un siniestro abismo.

Preguntas al querer saber alguna cosa,
Tu mismo entendimiento del que gozas,
No comprendes del supremo infinito,
Al no saber de dónde viene el grito.

Si provocas la angustia en unas caras,
No sabes por qué hiciste aquellas cosas raras,
Mas tu prójimo te dio la mano extendida,
Y tú le devolviste la tuya ya herida.

Sois hombre del ser aquel que hizo,
Fundió prodigios en el paraíso,
Pero de donde se fecunda tal historia,
Si solo es un rito que está en la memoria.

Siempre Sola

Siempre simplemente sentada,
Soles solitarios sonríen,
Sin ser sombras sencillas,
Siempre, siempre sola siendo.

Más mínimos momentos maravillosos,
Muchos más mensajes mando,
Mientras mi mundo mienta mil más,
Me merezco mi maestría.

Tantos tontos tormentosos toman,
Temiendo todo trayendo tristezas,
Tocando torres teniendo todo,
Tropezando tierras totalmente torturabas.

Si siempre siguiendo senderos,
Sonriendo sin saber su sombra,
Seguiré siendo sol sin sombrero,
Sin saber sigo siendo sola.

Miseria

Hablamos por hablar de la miseria,
Sabiendo que es orgullo celestial,
Encontramos a veces con criterio,
Algo que fue difícil de encontrar.

Sí, nos burlamos con ojos de injusticia,
Reímos por reír al ser igual.
La misma vida nos brinda de caricia,
Y deseamos sin miseria del triunfar.

Sois gloriosos del universo ajeno en distancia,
Y culpamos nuestro instinto animal,
Mas no dándole a lo mejor esa importancia,
Y deseando no miseria por igual.

Se oyen ecos en la lejana tierra,
Y una campana su resonar nos da,
La miseria cual real encierra,
Mil senderos que hay por caminar.

Difuntos

Se ha llegado otro año más,
Y todos con flores hacia el cementerio,
Unos para solo recordar,
Algo que en la vida fue muy serio.

Niños bellos, angelitos inocentes,
Que ni un poco dieron a la vida,
Su infancia fue una cara sonriente,
Y un adiós silencioso su partida.

Los ancianos recorrieron aventuras,
Y para algunos la vida fue muy dura,
Llenando su final en las alturas,
De experiencias inolvidables que ternura.

Su día es fecha memorable para todos,
Todos aquellos que estuvieron entre nosotros,
Y caminando para comenzar terminan solos,
Llevando una sonrisa en sus rostros.

Paloma Te Vas

Blanca como las nubes del cielo,
Frágil vuelo llevas palomita ya,
Te vas deslizando te vas sin consuelo,
Te lleva ese viento, te vas.

Tu pico no lleva esa flor que traías,
Cuando por primera vez te vi pasar,
Ahora regresas y no me veías,
Que yo estaba a punto de llorar.

Sin rumbo alguno se encarga el destino,
Tu tierno cuerpo te lleva aun más,
Te trajo quizá el invierno y te has ido,
¿Paloma divina porque tú te vas?

Si acaso calor viniste a buscar,
Por solo un tiempo nada más,
Y piensas que aquí no es tu lugar,
Adiós, paloma te vas.

Cien Años

El calendario ha marcado cien años,
De risas, tristezas, mentiras, verdades,
Paciencia, y quien sabe si engaños,
Pero de ellos han sido tempestades.

Pasos que entonces fueron lentos,
Pero viéndolos bien han sido ráfaga,
Una puerta se cierra otra se abre con encuentro,
Que la vela del tiempo se apaga.

Rápido corre dice la aguja del tiempo,
Tu hora se llega y no acabas,
Tu camino esta en encuentro,
Y ya son cien años, se acaban.

Lluvia que borra las huellas marcadas,
Se hace un arroyo junto a tu pie,
Mientes dice de nuevo el terreno,
Estuviste aquí solo una vez.

La Senda de Rosas

Vagando voy por la vida ya sin rumbo,
Sonriendo la gente me saluda,
La senda de rosas que perfuma el viento,
A vivir con aliento pues me ayuda.

Su roce de terciopelo acaricia piel con piel,
Dejando espinas tiradas en la senda,
La mariposa se arrima por su miel,
Esperando que el viento no se venga.

Frágil abatir dejo caer pétalo por pétalo,
Haciendo una senda perfumada y colorida,
Un camino lleno de fragancia que regalo,
Cuando caminando por la senda de rosas iba.

El tiempo deja que desmerezca su terciopelo,
Y al mismo tiempo que se acabe su color, su aroma,
Como cuando por nubes se cubre todo el cielo,
Se deja de apreciar aquella blanca paloma.

Algo

Algo amarillo, ardiente a veces azul,
Apaga algo altamente abstracto,
Atrae al altar así al ataúd,
Hasta abuelitos, amigos, a algún actor.

Recorre mil años sin envejecer,
Teniendo ese mismo calor,
Ayuda al campesino y su amanecer,
Parece decirnos que hay amor.

Se esconde entre nubes grises en invierno,
Y su calor no nos da ese abrigo,
Pero llega primavera y todo es tierno,
Saluda el mundo como un amigo.

Si, dice con sonrisa radiante,
Ese esplendoroso estallido es energía,
Sol es mi nombre y soy caminante,
Caminante de algo grande de noche y de día.

Pensamientos Vagos

Que bonito es ver desde la ventana,
Esa luz divina que aclara el día,
El eco vago de la campana,
Y respirar pensando que vendría.

El calor tierno después de un rato,
El silbido de un pájaro que va,
El quiquiriquí del gallo,
Y el aleteo de una paloma que vuela.

Mirar sin pensar en el futuro,
Ni dejar esa tierra ajena por nada,
Pues trabajando fue duro,
Y de esa la vida tranquila que cómoda se gana.

Pensamientos vagos que andarán la vida,
Cuando después de un rato razonarla,
Adorando que bien si así sería,
Y poco a poco desencadenarla.

Sonrisas

La mueca de una cara alegre,
Es la mueca de un niño o un anciano,
Una pareja de recién casados,
De un amigo nuevo que te han presentado.

La sonrisa pintada de un payaso,
Que por fuera hace reír a tantos niños,
Es como un tesoro que te has hallado,
Y de mil sonrisas son mil cariños.

Sonrisas a mente limpia,
Que alargan con estos tiempos,
Una que dice si es alegría,
O es verla que viene con los vientos.

Sonrisas de confusión en unos,
Sonrisa de hipocresía en escritura,
Sonrisa de alegría a carcajadas,
Y esa que también engañaría.

Árboles

Frondosos, verdes y altos en el campo,
Con su fruta que decora de esos muchos,
Sus ramas cubiertas de nidos y pájaros en canto,
Su rítmica melodía que se escucha.

Áridas tierras que rodean sus raíces,
Troncos que miles de años duran,
Con el tiempo piedra y como cicatrices,
Escribirán otra historia más.

Pasan estaciones y queda su imagen,
En verano rodea su grande sombra,
Buen lugar de descanso para los que pasen,
Y sirviéndose de ellos para buena obra.

Los árboles como vida de uno viven, mueren,
Cosechan, y su final es utilizado en cualquier
forma,
En vida son igualmente necesitados,
En muerte recuerdo que reforma.

Por Quien Yo Vago

Ilumina la luna aquella calle oscura,
Y centenares de estrellas son sabanas de noche,
El color negro como la sotana de un cura,
Son confesiones improvisas que nadie escuche.

Un destino que en múltiples calles vaga,
Vana cara obstinada sin reproche alguno,
Una simple palabra que de la nada,
Es algo tremendamente invisible en lo oscuro.

Por quien yo vago es una meta larga,
Sin dar la espalda a otro ser humano,
Mas del destino Dios se encarga,
Y yo de estrechar la mano.

Largos son aquellos instantes vanos,
Que por el camino encuentro solitarios,
Reflexionando trato de llenarlos,
Y poco a poco los estoy alimentando.

Ave Pasajera

No dejes de volar dulce viajera,
Mi mundo está allá abajo,
Deslizando tu figura que pasajera,
Tú mandas con los vientos en tu encanto.

Blanca, serena, y tú murmullo,
Arranca del silbido una palabra,
El cielo infinito de tu orgullo,
Es desvelo por las noches que quebrantan.

Ave pasajera vas sin rumbo,
Tu camino te desvía en un decir,
Vivimos en el mismo mundo,
Y sentimos lo mismo por vivir.

Libre, revoloteas serenamente,
Pasos lentos que la vida da por entera,
Espero y cuando te encuentre,
No seas mas una ave pasajera.

Cry of Death

One more day with hope we live,
The word spreads from head to head,
In the sudden silence, we hear a cry,
A cry of death.

The burst of flames, the killer air,
The people running desperate for life,
Was for no reason they cry, is not fair!
We are not to be blamed but they didn't care.

Days after crawling without food,
The struggle to survive,
The whole world in its worst situation,
Who will then be the winner or the one with
power,
If the war left them with no nation?

The wind blows; the ground is a graveyard,
With the whistling air that if not instead,
Will have been a cheerful noise,
And not the CRY OF DEATH.

Acknowledgments

Cry of Death- Published in The Anthology of Our World's Most Cherished Poems in 1986 by World Poetry Press.
Golden Poet Award in 1986
Majesty- Honorable Mention-Category Great Bonus, January 20, 1987
Golden Poet Award in 1987
Eternity- Honorable Mention- Category Holiday, November 21,1987
Upon Time- Honorable Mention- Category be a Big Winner, February 1, 1988
Golden Poet Award 1988
Pensando- Honorable Mention-Category Be a Big Winner, December 20,1989
Silver Poet Award in 1989
¿Qué es Amor? Third Place Radio Station- Contest for Anthology Published in Gallery '89 Student Literary Magazine at the Pan American University.
Golden Poet Award in 1990
Life- Honorable Mention
El Hombre Del Ser- Honorable Mention- Contest- New Horizon November 1, 1991
Golden Poet Award in 1990
Silent Talk- Semi- Finalist- The Sound of Poetry by National Library of Poetry,1992
Editor's Choice Award- by the National Library of Poetry in 1994
The Day of July- poetry .com

www.ingramcontent.com/pod-product-compliance
Ingram Content Group UK Ltd.
Pitfield, Milton Keynes, MK11 3LW, UK
UKHW041923190726
13854UKWH00003B/1399

9 781435 750142